ORDRE DE MARCHE

DE LA FETE

A

L'ÊTRE SUPRÊME,

Qui sera célébrée dans la Commune de Nancy, le 20 Prairial, an 2ème de la République Française, une, indivisible et démocratique,

Conformément à la Loi du 18 Floréal dernier.

A NANCY,

Chez GUIVARD, Imprimeur, place de la République, n° 19.

COMMUNE DE NANCY.

ORDRE DE MARCHE

DE LA FÊTE

A L'ÊTRE SUPRÊME,

Qui sera célébrée dans la Commune de Nancy, le 20 Prairial, l'an 2ème de la République Française, une, indivisible et démocratique,

Conformément à la Loi du 18 Floréal dernier.

LE 19 Prairial, à sept heures du soir, il se formera, sur la place du Peuple, un groupe de tambours et musiciens : un Officier municipal, revêtu de son écharpe, monté sur un cheval, tiendra à sa main une branche de chêne et la proclamation de la Fête ; il sera accompagné du Chef de Légion et d'un Porte-Drapeau également à cheval; deux Appariteurs, précédés d'un Trompette à cheval, ouvriront la marche de ce petit Cortège, et quatre hommes armés la fermeront.

Ce Cortège se rendra sur toutes les places des deux Villes; là, après un roulement, l'Officier municipal, après que la trompette aura sonné trois fois, annoncera, par proclamation, que le lendemain *le Peuple Français rendra un hommage public à l'Etre suprême.* Ensuite la musique jouera l'air : *Où peut-on être mieux?* etc.

Trois coups de canon annonceront à neuf heures du soir les apprêts de la Fête.

Le 20 Prairial, à quatre heures du matin, divers groupes de tambours battront la générale dans toutes les rues de la ville et des faubourgs.

Aussitôt chaque Citoyen, placera à l'extérieur de son domicile, des banderolles tricolores, et des guirlandes de fleurs décoreront les portiques des maisons, *autant que possible.*

Un chœur composé de deux mères de famille, deux filles de 12 ans, deux de 15, quatre garçons de même âge, un vieillard et quatre pères de famille, se rendra au faubourg de la République.

Un chœur semblablement composé, se rendra au faubourg de la Constitution.

Un chœur composé de six mères de famille, six jeunes filles, six garçons et douze hommes, se rendra sur la place de la Réclusion.

Un chœur semblablement composé, se rendra sur la place de la Constitution; un autre sur la place de la Réunion, et un autre sur la place de la Liberté.

Les hommes vêtus proprement, les filles vêtues de blanc avec des ceintures tricolores; les femmes porteront les mêmes ceintures, et les garçons un habit national.

Ces chœurs seront formés et rendus sur lesdites places à six heures sonnant du matin; deux coups de canon se font entendre, et les chœurs chantent l'hymne n° 1 ; ensuite tous les chœurs se rendront, en chantant cet hymne, sur la place du

Peuple, et se placeront autour du faisceau qui sera couvert de guirlandes de fleurs et de verdure.

Les vieillards se placeront près la grille ; les jeunes filles formeront le premier cercle, les mères de famille le second ; les jeunes garçons le troisième, et les pères de famille le quatrième : tous, les yeux fixés sur le faisceau, ils chanteront l'hymne n° 2.

Les musiciens se trouveront sur le balcon de la Maison Commune et accompagneront le chant des chœurs ; le cri de *Vive la République* se fera entendre en terminant cette première cérémonie.

A huit heures, les grouppes de chaque Section s'apprêteront.

A la même heure, les Autorités constituées et la Société populaire réunies dans la Salle du Club ; les Sociétaires, deux à deux, sur deux colonnes, au milieu desquels seront portés les bustes des Martyrs de la Liberté, se rendront au Temple où la musique les attendra ; en entrant dans le Temple, l'orgue jouera *le bruit de Guerre*, ensuite *l'hymne de la Liberté* sera chanté en chœur par les musiciens ; un orateur prononcera un discours analogue à la Fête.

A neuf heures, un coup de canon se fait entendre ; à l'instant, le Peuple remplira les rues et les places-publiques, les tambours roulent et battent le rappel dans chaque Section ; les pères de famille se rangeront en haie du côté droit de la rue, ils conduiront leurs fils armés, *autant que possible*, d'une épée ou d'un sabre ; les pères et les fils tiendront à la main une petite branche de chêne.

Les mères de famille se rangeront en haie de l'autre côté, elles porteront des bouquets de roses ; leurs filles de tout âge les accompagneront et formeront des petits groupes portant des corbeilles de fleurs. (Il suffira de trois groupes par Section, composé de quatre filles qui porteront des fleurs dans une corbeille bien garnie.)

A la tête de chaque Section se forme un bataillon quarré des Adolescens, armés de leurs mousquetons et environnant le drapeau du bataillon. (Les Citoyens-soldats, en dépôt à Nancy, se diviseront de manière qu'il y en ait au moins douze pour former le bataillon avec les Adoles-cens ; les autres seront confondus avec les Citoyens et marcheront sur la même ligne.)

Première Section.

Au milieu est un jeune enfant à mi-nud, ceint de rubans tricolors et traîné sur un petit charriot par quatre Adoles-cens vêtus en garde national : cet enfant couronné de viollettes, porte une pique surmontée du bonnet de la Liberté; à la pique est attaché une banderolle sur laquelle se lisent ces mots : SEMEZ DANS NOS CŒURS LA VERTU ET NOUS SERONS DIGNES DE VOS TRAVAUX CIVIQUES.... (*Il figure l'Enfance.*)

Deuxième Section.

Au milieu paroît, sur un cheval blanc couvert de guirlandes, un jeune homme bien cuirassé, les deux bras nuds, un sa-bre à la main droite, une couronne de lauriers à la main gauche ; il porte un casque garni de myrthe. (*Il figure l'Adolescence.*)

Troisième Section.

Au milieu paroît, sur un phaëton , une jeune fille de douze ans, vêtue de blanc, lés deux bras nuds, un flot tricolor sur chaque épaule, une ceinture pareille ; elle est couronnée de roses et de myrthe ; elle tient d'une main une branche de laurier ornée de guirlandes composées d'épis de blé, de fleurs et de raisins ; de l'autre elle est appuyée sur un faisceau d'armes. (*Elle figure l'Union et l'Abondance.*)

Quatrième Section.

Au milieu paroît, sur un char, un groupe d'enfans portant tous les instrumens des sciences ; des enfans femelles portent des fuseaux, des tours à filer et des tricots. (*C'est le char de l'Instruction publique.*)

Cinquième Section.

Au milieu paroît, sur un phaëton orné de guirlandes et rubans tricolors, une jeune fille de onze ans, vêtue d'un corset bleu plissé, d'un jupon rose couvert de mousseline, retroussé à la Romaine, un bonnet rouge surmonté d'une couronne de chêne et de roses; elle tient de la main droite le niveau, et de l'autre elle tient le Tableau des Droits de l'Homme. (*Elle figure l'Egalité.*)

Les Orphelines environnent ce char, elles portent un bouquet d'œillets et de branches d'arbres.

Sixième Section.

Au milieu est un char sur lequel sont un homme et une femme environnés de leurs enfans ; leur mère en allaite un, qu'elle repose de temps à autre dans une barcelonnette placée entre elle et son époux ; un des enfans les couronne de fleurs; un autre les embrasse ; un autre lit, appuyé sur les genoux de son père. (*Ils figurent le bon Ménage.*)

Septième Section.

Au milieu paroissent, sur un char, un aveugle et un estropié, tenant une branche de myrthe et de roses ; ce char est traîné par deux chevaux couverts de guirlandes : les Enfans de la Patrie environnent ce char ; ils ont tous une branche de chêne et des fruits à la main. (*Ils figurent le Malheur honoré.*)

Huitième Section.

Au milieu, sur un char surmonté de colonades de verdure et de fleurs, paroissent deux vieillards couronnés de pampre et d'olivier, de jeunes enfans les entourrent et leur offrent dans une corbeille des fruits et des liqueurs. (*Ils figurent la Vieillesse respectée.*)

Deux coups de canon se font entendre à dix heures sonnant ; alors toutes les Sections se mettent en marche et arrivent sur la place du Peuple en chantant l'hymne : *Défendons nos Lois.*

Les Autorités constituées et la Société populaire se rendront sur la place du Peuple : au milieu du Conseil-général de la Commune, est un char traîné par quatre bœufs couverts de guirlandes de fleurs, sur lequel brille un trophé composé des instrumens des arts et métiers, et différentes marchandises produites du territoire. Chaque membre des Autorités constituées, portera à la main un bouquet d'épis de blé, de fleurs et de fruits.

Sur un char est placé la statue de la Liberté; un chœur, de jeunes filles portant des corbeilles de fleurs, en jettent sur la statue pendant la marche.

Sur un autre char, précédé des Citoyennes généreuses qui travaillent les linges pour les Blessés, est une urne funéraire, couronnée de lauriers et soutenue par des banderolles tricolores; ce char est environné de femmes vêtues de noir, et de jeunes gens chantant l'hymne aux mânes des Défenseurs de la Patrie.

A l'arrivée des Sections sur la place, le cri de *Vive la République* se fait entendre, et le cortège se dirige ainsi qu'il suit :

Un groupe de tambours, précédé de 2 trompettes, marchant au pas ordinaire, la Société populaire suit, le drapeau de la surveillance flotte au milieu d'elle; les Sections suivent, les hommes d'un côté et les femmes de l'autre.

On va par la terrasse de la Pépinière, au Cirque; les Sections restent en file; les Autorités constituées approchent de l'amphitéâtre dressé au milieu du Cirque.

Cet amphithéâtre est chargé des emblêmes de la féodalité et de la superstition; le Maire y met le feu après que l'hymne, n.º 3, est chanté; du milieu des flâmes sort la statue de la Sagesse, au bas de laquelle on lit cette inscription : PEUPLE ! LA RAISON T'ÉCLAIRE ET LA SAGESSE TE GUIDE.

Après cet auto-dafé, le cortège reprend sa marche, en chantant l'hymne, n.º 4, et se rend par la rue Égalité sur la place de la Liberté, au milieu de laquelle s'élève une montagne; sur son sommet, est planté l'Arbre de la Liberté.

Les Sections forment le quarré; les divers emblêmes s'approchent de la montagne ; le Conseil-général de la Commune entoure l'Arbre de la Liberté ; le Maire ou un autre Citoyen s'avance ; aussitôt la musique joue une fanfare, les chœurs chantent l'hymne n.º 5 ; après, un Orateur prononce un discours sur l'existence de l'Etre suprême. Ensuite deux coups de canon se font entendre ; midi sonne, et après un roulement, le Maire ou un Citoyen nommé *ad hoc*, adressera l'hommage du Peuple à l'Éternel.

Ensuite, le silence règne, une musique douce et harmonieuse se fait entendre, les pères de famille avec leurs fils, chanteront l'hymne, nº 6 ; ensuite, les mères et leurs filles, chanteront l'hymne n.º 7.

L'hymne n.º 8, est chanté ensuite par tout le Peuple. Le cri de *Vive la République* se répète trois fois.

Alors les mères de famille, en soulevant dans leurs bras leurs petits enfans mâles, les présentent en hommage à l'Auteur de la Nature ; les jeunes filles jetteront des fleurs vers le Ciel ; les fils déposeront dans les mains de leurs pères, leurs sabres ou épées, et jurent de les rendre

(13)

victorieuses ; ils jurent de faire triompher l'Égalité et la Liberté.

Les pères les embrassent, et, en étendant la main, ils les bénissent, en disant : " Que l'Être suprême te bénisse comme je te bénis. ,, Alors les embrassemens se réitèrent ; les mères embrassent leurs filles, les cris de *Vive la République* se répètent ; tous les Citoyens confondent leurs sentimens dans un embrassement fraternel ; ils n'ont plus qu'une voix dans le cri général : *Union ! Fraternité ! Vive la République !* se fait entendre au bruit de quatre coups de canon.

Un roulement annonce le départ ; tout se remet en ordre ; toutes les Sections reprennent leur ordre, et le Cortège défile par la rue Charlemont, descend par la rue Franklin , se rend sur la place de la Constitution ; les groupes de chaque Section environnent l'Arbre de la Liberté : l'hymne de la Liberté est chanté.

Ici, la Cérémonie se termine, les Autorités constituées se mêlent parmi les Citoyens, et chacun reporte dans le sein de sa famille la joie que procurent la vertu, l'amour fraternel, la connoissance des droits et des devoirs de l'Homme, exprimés par les divers emblêmes qui ont paru dans la Fête ; et enfin, la félicité de l'ame, qui vient de présenter son hommage à l'Auteur de la Nature, que tout annonce, que tout adore.

A six heures du soir, le Peuple se rend au Temple ; les Autorités constituées et la Société populaire s'y rendent, précédées de la musique.

Un Orateur prononce un Discours sur l'objet et le fruit que chacun doit recueillir de cette Fête solennelle.

Le soir, il y aura des Danses sur les Places publiques.

HYMNES.

N°. I.

Air : *Amis, laissons-là l'histoire.*

LA République proclame
L'existence du vrai Dieu,
L'immortalité de l'ame,
Seuls soutiens des malheureux ;
    Fête chérie
Qui confond tous les tyrans,
Réunis tous les enfans,
Les vrais enfans de la Patrie.

En contemplant la nature,
Nous adorons son Auteur,
La lumière la plus pure
Nous découvre nos erreurs ;
    De notre vie
Offrons-lui tous les instans,
Et soyons dignes enfans
Les vrais enfans de la Patrie.

Éternel, reçois l'hommage
D'hommes libres réunis,
Nous ne voulons plus d'image,
Nous t'adorons en esprit ;
    La fourberie
T'avoit peint jaloux, méchant ;
Mais tu chéris les enfans,
Les vrais enfans de la Patrie.

N° L I.

Air : *Allons, enfans de la Patrie.*

Français , en arborant l'emblême
De nos Droits, de la Liberté,
Nous rendons à l'Etre suprême
Un Culte pur et éclairé ;   bis.
Nous terrassons le fanatisme,
Nous adorons la Vérité,
Par elle toujours dirigés
Nous avons vaincu l'athéisme :
Notre crédulité fit long-tems nos malheurs,
Ce jour (*bis*) devient pour nous l'époque
        du bonheur.

Amour sacré de la Patrie!
Conduis, soutiens nos bras vengeurs ;
Liberté, Liberté chérie !
Combats avec tes Défenseurs :   bis.
Sous nos drapeaux que la Victoire
Accourt à tes mâles accens,
Et que tous les rois expirans
Voyent ton triomphe et ta gloire :
Les Peuples affranchis chanteront tes bien-
        faits ,
La paix (*bis*) dans l'Univers sera dûe aux
        Français.

N.º I I I.

Air nouveau.

Quels accens, quels transports, par - tout la gaîté
    brille,
La France est-elle donc une seule famille ?
Aux lieux mêmes, où les rois étaloient leur fierté,
      On célèbre la Liberté.   *bis.*
Est-ce une illusion ? Suis-je au siècle de Rhée ?
J'entends par-tout chanter d'une voix assurée :
Nous ne reconnoissons, en détestant les rois,
Que l'amour des Vertus, que l'empire des Lois.

O spectacle enchanteur ! au nom de la Patrie
 Tout s'anime, tout prend une nouvelle vie ;
Le vieillard semble encor, par sa vivacité,
      Revivre pour la Liberté.   *bis.*
Et l'enfant, oubliant la faiblesse de l'âge,
S'irrite d'être jeune et chante avec courage :
Nous ne reconnoissons, en détestant les rois,
Que l'amour des Vertus, que l'empire des Lois.

Peuples, qui gémissez sous un joug tyrannique,
Venez voir les Français à la Fête civique,
Comparez vos terreurs à la sérénité
      Des enfans de la Liberté.   *bis.*
Comparez à vos fers ces guirlandes légères,
Que porte, en s'embrassant, tout un Peuple de
    Frères ;
Vous ne reconnoîtrez, en détestant les rois,
Que l'amour des Vertus, et l'empire des Lois.

Nᵒ IV.

La République proclame. *Voyez* Nᵒ I.

Nᵒ. V.

Air : *Valeureux Français*, etc.

DÉFENDONS nos Lois,
Soutenons nos droits,
Aimons notre Patrie ;
Rendus dans ce lieu,
Adorons un Dieu,
Mais sans hypocrisie.

Je t'adore en républicain,
Je connois toute ta justice,
Etant l'arbitre souverain,
Des brigands punis l'injustice.
Défendons, etc.

Dieu, prends sous ta protection
Le Français qui veut être libre,
La généreuse Nation
Ne veut plus des brigands du Tybre.

Bénis la Révolution :
Ah, bénis notre indépendance !
Bénis la Constitution
Et le gouvernement de France.

Bénis nos généreux vieillards
Et leurs familles respectables,
Que leurs corps forment des remparts
Aux ennemis déraisonnables.

Dieu, bénis nos braves soldats,
Bénis nos puissantes Armées,
Bénis-les, les jours de combats,
Par ta main qu'elles soient guidées.

Bénis nos bons Législateurs,
Et tous leurs Décrets salutaires;
Bénis nos braves Laboureurs,
Bénis tout un Peuple de frères.

Dieu, bénis de nos jeunes gens
La réquisition brillante,
Qui va combattre les tyrans;
Bénis cette jeunesse ardente.

Secondes l'effort des Français,
Qu'ils exterminent tous les traîtres;
Que par le plus grand des bienfaits
Ils ne connaissent plus de prêtres.

N.º V I.

Air : *Des Marseillais.*

Tu nous rendis dans ta clémence
Nos Droits et notre Liberté.
Etre Eternel ! par ta puissance,
Conserves-nous l'Egalité.   *bis.*
Tu vois les fils, aussi les pères,
Armés contre tous les tyrans ;
Rends par tout leurs bras triomphans,
Que ta paix descende sur terre ;
Librerends l'Univers, agrées nos sermens;
Ce fer (*bis*) de tous les rois fera couler le
    sang.

(*Après cet hymne , tous les fils prononceront ces
mots :* JE LE JURE.)

N.º V I I.

Air : *Amis , laissons-là l'histoire.*

Le tendre amour d'une mère,
Te présente ses enfans.
O toi , le meilleur des pères,
Rends-les justes , bienfaisans :
    Filles chéries !
Jurez de n'avoir d'amans,
Que ceux qui sont triomphans
Des ennemis de la Patrie.

(*Après cet hymne , toutes les filles prononceront
ces mots :* JE LE JURE.)

N° V I I I.

Air : *Allons, enfans de la Patrie.*

NOUS t'invoquons, ETRE SUPRÊME,
Que nos voix percent jusqu'aux Cieux,
Chacun de nous t'adore et t'aime,
Tu te rends présent en tous lieux ; (*bis.*)
Que nos cœurs te servent de Temple ;
Complais-toi parmi tes enfans,
Rends-nous vertueux et prudens ;
Que l'Univers, à notre exemple,
T'adore par amour, t'aime de bonne foi ;
Unis (*bis.*) tous les humains, unis-les par
      ta Loi.

Nous proclamons ton existence,
Nous admirons tes attributs,
Nous invoquons ta providence,
Nous te demandons les vertus. (*bis.*)
Agrées notre confiance,
Nos vœux et notre ardent amour,
Nous t'exprimerons chaque jour
Notre vive reconnoissance :
Nous n'adorons que toi, toi seul es notre
      Dieu ;
Bénis (*bis.*) tous les Français , nos fils et
      nos aïeux.

Conserves-nous dans ta clémence
L'Égalité , la Liberté,
Et venges-nous par ta puissance
Des despotes coalisés ; *(bis.)*
Bénis nos nombreuses phalanges,
La victoire suivra leurs pas
Dans les champs et dans les combats,
Tous, nous chanterons tes louanges :
Nous n'adorons que toi, toi seul es notre
    Dieu ;
Bénis (*bis.*) tous les Français, nos fils et
    nos aïeux.